Für Clementine Hollyer

ZWILLINGE

Im Einklang mit den Sternen leben

STELLA ANDROMEDA

ILLUSTRIERT VON EVI O. STUDIO

GROH

III.

Mehr Astrowissen

Einleitung

Der Giebel des antiken griechischen Apollontempels in Delphi trägt die Inschrift: „Erkenne dich selbst." Sie ist eine der 147 delphischen Maximen, nach denen man leben sollte. Von Gott Apollon selbst soll diese Aufforderung zur Selbsterkenntnis stammen, und später ergänzte sie der Philosoph Sokrates um den Satz: „Ein unerforschtes Leben ist nicht lebenswert."

Der Mensch versucht auf vielfältige Weise, sich selbst kennenzulernen und sein Leben oder die Herausforderungen seines Daseins zu meistern, oft mithilfe von Therapien oder organisierten Glaubenssystemen wie Religionen. Wir wollen auf diesem Weg vor allem die Beziehung zu uns selbst und zu anderen besser verstehen lernen und Mittel finden, die uns das ermöglichen.

Die Astrologie bietet durch ihre symbolische Verwendung der Himmelskonstellationen, also der Darstellung der Tierkreiszeichen, der Planeten und ihrer energetischen Auswirkungen einige Ansätze für das Verstehen der menschlichen Natur und der Erfahrung. Viele Menschen empfinden dieses Wissen und das Potenzial, das darin steckt, als hilfreich, um Denkanstöße für eine erfülltere Lebensweise zu gewinnen.

Was ist Astrologie?

Einfach ausgedrückt, ist Astrologie das Studium und die Deutung des Einflusses, den die Planeten aufgrund ihrer Positionen im Raum zu einem bestimmten Zeitpunkt auf uns Menschen und unsere Welt nehmen können. Die angewandte Astrologie beruht auf einer Kombination aus dem faktischen Wissen über die Besonderheiten dieser Positionen und ihrer psychologischen Interpretation.

Astrologie ist weniger ein Glaubenssystem als eine praktische Lebenshilfe, die uns alte, überlieferte Weisheiten an die Hand gibt. Jeder Mensch kann lernen, die Astrologie für sich zu nutzen – nicht so sehr zum Wahrsagen oder um die Zukunft zu deuten, sondern als Wegweiser zu größerer Einsicht und einer achtsameren Herangehensweise an das Leben. Der richtige Zeitpunkt ist das A und O in der Astrologie. Die Kenntnis der Planetenkonstellationen und ihrer Beziehung zu bestimmten Zeiten zueinander kann uns bei der Wahl des richtigen Moments für manche Lebensentscheidungen helfen.

Zu wissen, wann größere Veränderungen im Leben anstehen können – aufgrund von Planetenkonstellationen wie einem rückläufigen Saturn (siehe S. 103) oder rückläufigen Merkur (siehe S. 104) – oder was eine Venus im siebten Haus bedeutet (siehe S. 85 und 98) und wie das im Licht der spezifischen Eigenschaften des eigenen Sternzeichens zu berücksichtigen ist: Dies alles sind Werkzeuge, die du zu deinem Vorteil nutzen kannst. Wissen ist Macht und die Astrologie kann ihren Teil dazu beitragen, die Höhen und Tiefen des Lebens, aber auch unsere Beziehungen gut zu meistern.

Die zwölf Sternzeichen

Jedes Stern- oder Tierkreiszeichen hat typische Eigenschaften, die den Menschen gemeinsam sind, die in diesem Zeichen geboren wurden. Dieses Zeichen ist dein Sonnenzeichen, das du wahrscheinlich schon kennst – und der übliche Ausgangspunkt, von dem aus wir unseren astrologischen Weg erkunden. Die Eigenschaften des Sonnenzeichens können sich individuell sehr stark zeigen, doch stellen sie nur einen Teil des Ganzen dar.

Wie wir auf andere wirken, wird meist von weiteren Faktoren beeinflusst, die man ebenfalls berücksichtigen sollte. So sind das Zeichen deines Aszendenten und deine Mondstellung genauso wichtig wie dein Sonnenzeichen. Du kannst dir auch dein Gegenzeichen ansehen, um herauszufinden, was deinem Sonnenzeichen vielleicht dazu verhelfen könnte, mehr Balance zu erreichen.

Im ersten Teil dieses Buchs lernst du dein Sonnenzeichen kennen. Im zweiten Abschnitt bist du dazu eingeladen, noch tiefer einzutauchen (siehe S. 74–105) und die Einzelheiten deines Geburtshoroskops zu erforschen. Damit wirst du einen viel größeren Einblick in die zahlreichen astrologischen Einflüsse gewinnen, die sich in deinem Leben zeigen können.

Die Sonnenzeichen

Die Erde braucht 365 Tage (exakt sind es 365,25), um
die Sonne zu umrunden. Dabei scheint die Sonne einen
Monat lang durch jedes Tierkreiszeichen zu wandern. Dein
Sonnenzeichen ist somit das Tierkreiszeichen, in dem die
Sonne zum Zeitpunkt deiner Geburt stand. Wenn du dein
Sonnenzeichen und die deiner Familie, Freund*innen und
Partner*innen kennst, ermöglicht dir das einen guten Einblick
in die Charakter- und Persönlichkeitsmerkmale, die du mithilfe
der Astrologie entdecken kannst.

Im Übergang geboren

Für Menschen, die gegen Ende des einen oder zu Beginn des
nächsten Sonnenzeichens geboren sind, lohnt es sich, ihre
genaue Geburtszeit herauszufinden. Astrologisch gesehen
gibt es eigentlich keinen Übergang zwischen den Zeichen,
denn jedes davon beginnt zu einem festen Zeitpunkt an einem
bestimmten Datum, auch wenn dieser von Jahr zu Jahr etwas
variieren kann. Wenn du unsicher bist, was dein Sonnenzeichen ist, kannst du es über dein Geburtsdatum, deine Geburtszeit und deinen Geburtsort genau bestimmen. Mit diesen
Daten kannst du einen Astrologen aufsuchen oder du lässt sie
durch ein Online-Astrologieprogramm laufen (siehe S. 108),
um ein möglichst genaues Geburtshoroskop zu erstellen.

Stier

Lat.: Taurus

21. APRIL–20. MAI

Fixes Erdzeichen. Geerdet, sinnlich und den körperlichen Freuden zu-gewandt, ist der Stier von seinem Herrscherplaneten Venus mit Anmut und einem Sinn fürs Schöne aus-gestattet – trotz seiner bulligen Darstellung. Charakteristisch ist seine unbeschwerte, unkomplizierte, wenn auch manchmal sture Lebenseinstellung. Gegenzeichen: das Wasserzeichen Skorpion.

Widder

Lat.: Aries

21. MÄRZ–20. APRIL

Astrologisch das erste Sternbild des Tierkreises, erscheint der Widder zur Frühjahrs-Tagundnachtgleiche. Kardinales Feuerzeichen; das Zeichen für Anfänge. Herrscher-planet ist Mars, der dafür steht, Herausforderungen dynamisch, energievoll und kreativ zu begegnen. Gegenzeichen: die luftige Waage.

Zwillinge

Lat.: Gemini

✶

21. MAI–21. JUNI

Veränderliches Luftzeichen. Zwillinge neigen dazu, beide Seiten eines Problems zu sehen, wobei der Herrscherplanet Merkur ihren schnellen Verstand beeinflusst. Zwillinge scheuen sich häufig vor Verpflichtungen und versinnbildlichen auch eine jugendliche Haltung. Gegenzeichen: der feurige Schütze.

Krebs

Lat.: Cancer

✶

22. JUNI–22. JULI

Kardinales Wasserzeichen, dargestellt mit starken Scheren. Der Krebs gilt als gefühlsbetont und intuitiv, er schützt seine Empfindlichkeit mit seiner Schale. Sie verkörpert auch die Sicherheit des Krebs-Zuhauses, dem dieses Zeichen verpflichtet ist. Herrscherplanet ist der mütterliche Mond. Gegenzeichen: das Erdzeichen Steinbock.

Löwe

Lat.: Leo

23. JULI–23. AUGUST

Fixes Sonnenzeichen. Der Löwe liebt es zu glänzen. Er ist im Herzen ein Idealist, positiv und über die Maßen großzügig. Löwen-Geborene können vor Stolz brüllen und so zuversichtlich wie kompromisslos sein, mit großem Glauben und Vertrauen in die Menschheit. Herrscherplanet ist die Sonne. Gegenzeichen: der luftige Wassermann.

Jungfrau

Lat.: Virgo

24. AUGUST–23. SEPTEMBER

Veränderliches Erdzeichen. Die Jungfrau gilt als aufmerksam, detailorientiert und häufig selbstgenügsam. Die Jungfrau schöpft aus einem scharfen, nicht selten selbstkritischen Intellekt und ist oft sehr gesundheitsbewusst. Herrscherplanet ist Merkur. Gegenzeichen: das Wasserzeichen Fische.

Skorpion

Lat.: Scorpio

24. OKTOBER–22. NOVEMBER

Fixes Wasserzeichen. Entsprechend
neigt der Skorpion zu intensiven Ge-
fühlen. Sein Tierkreiszeichen verbindet ihn mit der Wiedergeburt nach
dem Tod. Herrscherplaneten sind
Pluto und Mars. Wegen seiner starken
Spiritualität und tiefen Emotionen
braucht der Skorpion Sicherheit,
um seine Kraft leben zu können.
Gegenzeichen: das Erdzeichen Stier.

Waage

Lat.: Libra

24. SEPTEMBER–23. OKTOBER

Kardinales Luftzeichen mit
Herrscherplanet Venus. Hier
dreht sich alles um Schönheit,
Gleichgewicht (dargestellt durch
die Waage) und Harmonie in einer
eher romantischen, idealen Welt.
Mit ihrem Sinn für Ästhetik können
Waagen sowohl künstlerisch als
auch handwerklich sein. Sie schätzen außerdem Fairness und sind oft
sehr diplomatisch. Gegenzeichen:
der feurige Widder.

Schütze

Lat.: Sagittarius

✦

23. NOVEMBER–21. DEZEMBER

Veränderliches Feuerzeichen, bei dem sich geistig wie körperlich alles um Reisen und Abenteuer dreht. Schützen haben eine direkte Herangehensweise, sind optimistisch und stecken voller Ideen. Sie lieben es, freien Lauf zu haben, neigen aber zu Verallgemeinerungen. Herrscherplanet ist der gutwillige Jupiter. Gegenzeichen: die luftigen Zwillinge.

Steinbock

Lat.: Capricornus

22. DEZEMBER–20. JANUAR

Kardinales Erdzeichen mit Herrscherplanet Saturn. Der Steinbock gilt als harter Arbeiter und wird von der trittsicheren wie verspielten Ziegenart dargestellt. Er ist vertrauenswürdig und scheut sich nicht vor Verantwortung. Oft sind Steinböcke sehr genügsam und haben die Disziplin für selbstständige Berufe. Gegenzeichen: das Wasserzeichen Krebs.

Wassermann

Lat.: Aquarius

✳

21. JANUAR–19. FEBRUAR

Trotz seiner Darstellung als Wassermann ein fixes Luftzeichen. Es wird
beherrscht vom unberechenbaren
Uranus, der alte Ideen mit inno-
vativem Denken vom Tisch kehrt.
Der Wassermann ist tolerant und
weltoffen. Ganz auf Menschlich-
keit bedacht, hat er soziale,
gewissensgeleitete Ideale.
Gegenzeichen: der feurige Löwe.

Fische

Lat.: Pisces

✳

20. FEBRUAR–20. MÄRZ

Veränderliches Wasserzeichen, das
stark auf seine Umgebung reagiert.
Dargestellt durch zwei Fische, die,
in entgegengesetzte Richtungen
schwimmend, manchmal Fantasie
und Realität verwechseln. Von
Neptun beherrscht, ist die Welt
der Fische fließend, fantasievoll
und empathisch. Fische nehmen
oft die Stimmungen anderer
auf. Gegenzeichen: das
Erdzeichen Jungfrau.

Alles über die

I.

Zwillinge

Das Zeichen, in dem die Sonne zum Zeitpunkt deiner Geburt stand, ist der ultimative Ausgangspunkt, um deinen Charakter und deine Persönlichkeit durch den Tierkreis zu erforschen.

Veränderliches Luftzeichen, dargestellt durch die Zwillinge.

Herrscher ist der Planet Merkur: in der Mythologie der Götterbote, der mit Kommunikation und Reisen assoziiert wird.

GEGENZEICHEN

Schütze

LEBENSMOTTO

„Ich denke."

Glücksfarbe

Gelb, die Farbe der Sonne, sowie verwandte Zitrustöne wie Orange oder Limone passen zur Strahlkraft des schlagfertigen Merkur. Trage sie und besinne dich auf deine Energien, wenn du mal durchhängen solltest oder seelische Aufmunterung brauchst. Wenn du nicht in kräftigen Farben auffallen willst, kannst du Accessoires in dunkleren oder helleren Tönen wählen – Schuhe, Handschuhe, Socken, Hüte oder sogar Unterwäsche.

II.

Glückstag

Mittwoch: Die Mitte der Arbeitswoche war früher mit der altgermanischen Gottheit Wodan oder Odin verbunden – „Wodanstag" *(Wōdnesdæg),* was im englischen *Wednesday* noch erkennbar ist. Die Entsprechung in der römischen Götterwelt ist der luftige Merkur, der Herrscher über die Tierkreiszeichen Jungfrau und Zwillinge. Er wird für uns im französischen *mercredi* oder im italienischen *mercoledì* für Mittwoch deutlicher.

III.

Glücksedelstein

Der mehrfarbige Achat, der mit Redegewandtheit in Verbindung gebracht wird und Reisenden Glück bringen soll. Dem Zeichen der Zwillinge zugeordnet wird auch der strahlend gelbe Citrin (von *citron*, dem französischen Wort für Zitrone) sowie der gelbe Saphir, der den Geist anregen soll.

IV.

Orte

Für die im Zeichen der Zwillinge Geborenen empfehlen sich besonders die Länder USA, Marokko, Belgien, Schweden, Eritrea, Island und Wales. Zu den aus astrologischer Sicht vorteilhaften Städten gehören London, San Francisco, Tripolis und Melbourne.

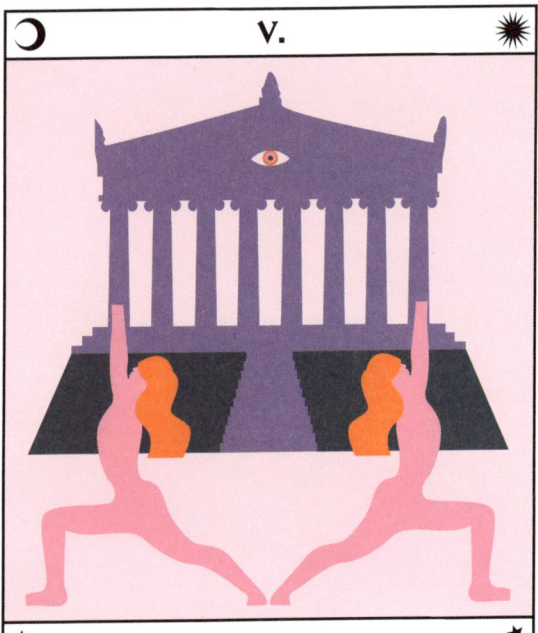

Ferien

Zwillinge lieben es zu reisen, um ihren wachen Geist anzuregen. Sie bevorzugen Urlaubsziele, die sie körperlich und geistig fordern. Die Besichtigung antiker Bauwerke in Rom oder griechischer Tempel auf Sizilien fällt ebenso in diese Kategorie wie das Beobachten der spektakulären Polarlichter in Island oder ein Besuch der faszinierenden Blumenmärkte in Hongkong.

VI.

Blumen

Mit seinem würzigen Duft erquickt und beruhigt der Lavendel den regen Geist der Zwillinge. Auch das Maiglöckchen als zarter Glücksbringer oder der leuchtende Blütenrausch der Azalee passen zu diesem Sternzeichen.

VII.

Bäume

Die Akazie und die Mimose zählen mit ihren zarten Blättern, dem feinen Duft und den gelben Blüten zu den Lieblingsbäumen bzw. -sträuchern der Zwillinge. Zudem wurde laut der Bibel die Bundeslade, ein Heiligtum des Volkes Israel, aus Akazienholz hergestellt, was die symbolische Bedeutung des Baums noch erhöht.

Haustiere

Wie von einem Luftzeichen zu erwarten, halten sich Zwillinge gern einen Vogel als Haustier: sei es ein Papagei mit seinem leuchtend grünen Gefieder oder ein Kakadu mit seinem wachen Blick. Die sprechenden Vögel passen gut zum kommunikativen Zwilling, sie sind leicht zu zähmen und angenehme Gefährten.

Feste

Der Erste, der kommt, der Letze, der geht: Lässig und kommunikativ wie sie sind, gelten Zwillinge astrologisch als Partylöwen. Bei großen Festen, die Gelegenheit bieten, Leute kennenzulernen und zu tanzen, bis die Sonne aufgeht, blühen extrovertierte Zwillinge auf. Hauptsache, die Gesellschaft stimmt, dann sind Ort, Essen und Getränke zweitrangig. Der Lieblingsdrink der raffinierten Zwillinge ist ein trockener Martini.

Die Eigenschaften der Zwillinge

Zwillinge sind von Natur aus gelassen, kommunikativ, vielseitig, geistig rege und anpassungsfähig. Auch ihre manchmal merkurisch-übersprudelnde Seite kann höchst faszinierend wirken. Bisweilen gehen Zwillinge etwas nachlässig mit der Wahrheit um. Das heißt nicht, dass sie lügen würden, aber sie umschiffen gern die Auseinandersetzung mit Tatsachen, die ihnen unangenehm sind. Deshalb genießen sie teilweise den Ruf, ein wenig kapriziös zu sein. Die gewisse Zwiespältigkeit in ihrem Wesen spiegelt sich in der griechischen Mythologie im Zwillingspaar Castor und Pollux wider, das von derselben Mutter, aber von unterschiedlichen Vätern abstammt und das das Luftzeichen repräsentiert.

Als veränderliches Zeichen sind die anpassungsfähigen Zwillinge in der Lage, zwei oder mehrere Rollen auf einmal anzunehmen, was zu einer gewissen Rastlosigkeit führen kann. Das hyperaktive Hin- und Herspringen zwischen unterschiedlichen Ideen, Aktivitäten oder Jobs führt manchmal auch zu

Erschöpfungszuständen. Es besteht außerdem die Gefahr der Oberflächlichkeit im Umgang mit anderen Menschen, die dem raschen Wechsel von einem Gedanken zum nächsten nicht immer folgen können. Zwillinge sollten daher beachten, ihre oft guten Einfälle klar zu vermitteln und tatsächlich in die Praxis umzusetzen, sonst verlaufen diese schnell im Sand.

Als von Merkur beherrschtes Zeichen haben Zwillinge große Freude an der Kommunikation. Wenn sie nicht gerade im Gespräch sind, dann texten und mailen sie oder sind in den sozialen Netzwerken unterwegs, gern auch alles gleichzeitig. Zwillinge haben zu allem eine Meinung. Ihre oft ebenso überraschenden wie inspirierenden Beobachtungen und Argumente machen sie als Gesprächspartner*innen beliebt. Diese Freude am Diskurs bringt es mit sich, dass sie auch Meinungsäußerungen vor Publikum nicht scheuen. Selbst schüchternen Zwillingen hilft ihr offenes und wissbegieriges Wesen, jede Kontaktscheu zu überwinden. Und da Zwillinge sich an die jeweilige Umgebung anpassen können wie ein Chamäleon, besitzen sie oft einen großen, bunt gemischten Freundeskreis.

Ihr Denken ist auffallend rational, dafür kaum emotional geprägt. Das erleichtert es ihnen, in Diskussionen eine klare Position zu vertreten und die unterschiedlichsten Argumente zu berücksichtigen, ohne ihren grundlegenden Standpunkt aus den Augen zu verlieren. Zwillinge sollten jedoch berücksichtigen, dass ihr Hang zur Sachlichkeit tieferen Empfindungen im Wege stehen und so zu Problemen in Beziehungen führen kann.

LUFT ZUFÄCHELN

Die charakteristischen Eigenschaften jedes Sonnenzeichens lassen sich durch die Qualitäten anderer Zeichen im gleichen Geburtshoroskop ausgleichen (oder manchmal verstärken), insbesondere durch die seines Aszendenten und des Mondes. Wenn also jemand seinem Sonnenzeichen nicht zu entsprechen scheint, ist das der Grund. Allerdings werden die ursprünglichen Zwillinge-Aspekte immer als wichtiger Einfluss vorhanden sein und die Lebenseinstellung von Zwillinge-Geborenen beeinflussen.

Körper und Gesundheit

Durch ihren wachen, aufgeweckten Blick und ihre leichtfüßige Beweglichkeit bis ins hohe Alter wirken im Zeichen der Zwillinge Geborene oft jünger, als sie wirklich sind. Dazu passt ihre muntere „Bloß nicht erwachsen werden"-Einstellung. Zwillinge tun einiges dafür, um ihre Jugendlichkeit und Attraktivität möglichst lange zu erhalten. Allerdings nur, solange es nicht zu zeitaufwendig wird. Sie sind keinesfalls dazu bereit, der Schönheit allzu viel ihrer kostbaren Lebenszeit zu opfern.

Gesundheit

Hände, Arme und Schultern, die metaphorisch den Flügeln des Luftzeichens entsprechen, sind die Schwachstellen der Zwillinge. Gesundheitliche Probleme ergeben sich vor allem durch dauerhafte Belastungen wie etwa durch zu lange Arbeitszeiten am Computer. Die Lunge als mit der Luft in Verbindung stehendes Atmungsorgan ist besonders empfindlich. Es drohen daher Erkrankungen wie Asthma, Bronchitis oder Lungenentzündung. Im rastlosen Tagesablauf der Zwillinge hat ein richtiges und nahrhaftes Essen keinen hohen Stellenwert, weshalb Zwillinge zumeist schlank bleiben. Gleichzeitig kann jedoch ein andauernder Mangel an Vitalstoffen langfristig ernste gesundheitliche Schäden verursachen.

Sport und Bewegung

Für Zwillinge empfiehlt es sich, die Muskulatur der Arme, Schultern und des oberen Rückens zu stärken, um durch chronische Überbelastungen hervorgerufenen Erkrankungen vorzubeugen. Gleichzeitig können so die Haltung und damit auch die Atmung verbessert werden. Fitnesscenter locken die kommunikativen Zwillinge als lebendige Treffpunkte durchaus an. Doch dort ziehen sie ihr Training meist zielstrebig durch, um sich rasch dem nächsten Punkt auf ihrer Tagesordnung zuzuwenden. Die beweglichen Zwillinge favorisieren Sportarten wie Tennis oder Golf, bei denen sie mit ihrer Hand-Auge-Koordination glänzen können.

So kommunizieren Zwillinge

Kurz und prägnant – so lässt sich das Kommunikationsverhalten der Zwillinge am treffendsten zusammenfassen. Als Luft- und Sonnenzeichen sprechen Zwillinge oft eher mit gehauchter und leiser Stimme, doch klar verständlich und ohne zu nuscheln. Inhaltlich können mündliche und schriftliche Aussagen von Zwillingen zuweilen den Eindruck erwecken, dass es ihnen an Substanz und Nachvollziehbarkeit fehlt. Das ist kein Zeichen von Gedankenlosigkeit, sondern eine Folge ihres raschen Denkens. Sie neigen dazu, beim Adressaten eine ähnlich schnelle Auffassungsgabe vorauszusetzen. Es ist für Zwillinge daher ratsam zu bedenken, dass sich durch klare Äußerungen spätere Nachfragen und Missverständnisse vermeiden lassen.

Berufe für die Zwillinge

Kommunikationstalent, klares Denken sowie die Gabe, vieles gleichzeitig im Kopf zu behalten: Es überrascht nicht, dass Zwillinge häufig als Jurist*innen arbeiten. Eine schnelle Auffassungsgabe ist jedoch am Theater ebenso von Nutzen wie im Gerichtssaal. Und rhetorisches Geschick zeichnet smarte Manager*innen ebenso wie Politiker*innen aus.

Auch die stets neuen Themen in Zeitungsredaktionen und im TV kommen den Zwillingen entgegen und machen den Journalismus zu einem geeigneten Berufsfeld für sie. Als Autor*in braucht man allerdings Geduld und Durchhaltevermögen, was manche Zwillinge überfordern könnte. Verfügen sie über genügend Disziplin, eröffnet ihnen ihr gutes Sprachgefühl allerbeste Chancen, erfolgreich Romane oder Sachbücher zu verfassen.

Reiseleiter*in ist ein echter Traumberuf. Hier können reiselustige Zwillinge ferne Länder sehen, Leute treffen und ihr Wissen weitergeben.

So ticken Zwillinge

Die lebensfrohen und extrovertierten Zwillinge umgibt in der Regel ein großer und bunter Freundeskreis. Sie kommen mit jedermann gut aus und sind allseits beliebt. Doch Zwillinge legen sich nur ungern fest, vielmehr flattern sie lieber wie Schmetterlinge ungebunden von Beziehung zu Beziehung. Das tun sie aber weniger aus purem Eigensinn als aus dem angeborenen Drang, möglichst unbeschwert und ungebunden leben zu können. Nur wer das Wesen der Zwillinge durchschaut und verstanden hat, wird ihnen glaubhaft machen können, dass eine Beziehung nicht nur Einschränkungen bedeutet, sondern auch einen angenehmen Heimathafen bietet, in den man nach der Reise sicher einlaufen kann.

Die Zwillinge-Frau

Im Zeichen der Zwillinge geborene Frauen lieben es zu flirten, auch wenn sie sich am Ende nicht gern binden. Als Luftzeichen, das danach verlangt, frei zu fliegen, brauchen sie Flügel, die niemand stutzen darf. Im Gespräch neigen sie dazu, lebhaft zu gestikulieren, halten jedoch zu ihren Gesprächspartner*innen immer etwas Distanz. Daher können Zwillinge-Frauen trotz aller Freundlichkeit ein wenig unterkühlt und unnahbar wirken.

BERÜHMTE ZWILLINGE-FRAUEN

Berühmt für ihr ewig jugendliches Aussehen, zeigt Joan Collins mit ihren glamourösen Auftritten ihren Sinn fürs Dramatische, aber auch eine gewisse Reserviertheit. Tennis-Champion Serena Williams kennzeichnet – ebenso wie das Tennis-Ass Steffi Graf – die für Zwillinge typische Kraft ihrer Arme. Judy Garland bestach durch ihre Stimme, während die Schauspielerinnen Marilyn Monroe, Angelina Jolie und Nicole Kidman ihr ebenso anmutiger wie kapriziöser Zwillinge-Charme verbindet.

Der Zwillinge-Mann

Zwillinge-Männer wirken oft jünger, als sie sind. Allerdings darf man ihre ausgereiften Ideen nicht unterschätzen. Sie halten sich bei sozialen Kontakten etwas bedeckt und lassen sich ungern festlegen. Bisweilen vereinbaren sie mehrere Verabredungen zur gleichen Zeit, um sie dann für eine weitere Unternehmung platzen zu lassen, die sich kurzfristig ergeben hat. Und aufgrund ihres Charmes kommen sie damit nicht selten ungeschoren davon.

BERÜHMTE ZWILLINGE-MÄNNER

Bob Dylan und Paul McCartney werden nicht müde, immer wieder neue Songs zu veröffentlichen, während Kanye West mit seiner unbändigen Vielseitigkeit erstaunt. Jean-Paul Sartre war ein ebenso großer Denker wie Charmeur. Und Paul Gauguin scheute die weite Reise von seiner Heimat Frankreich nach Tahiti nicht, um dort eindrucksvolle Bilder zu malen.

Wer lieb

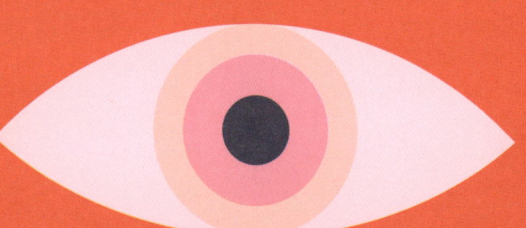

wen?

Zwillinge & Widder

Trifft das Luftzeichen Zwillinge auf den feurigen Widder, ergibt sich eine ebenso freigeistige wie heißblütige Verbindung, die sowohl Freundschaft als auch Leidenschaft einschließt. Schränkt der dominante Widder die Zwillinge nicht zu sehr ein, kann die Beziehung gelingen.

Zwillinge & Stier

Zwillinge sind überrascht, aber nicht unbedingt fasziniert von der unkomplizierten Einstellung des bodenständigen Stiers. Für die abenteuerlustigen Zwillinge bietet er eindeutig zu wenig Herausforderung.

Zwillinge & Zwillinge

Wo Zwillinge auf Zwillinge treffen, entsteht sofort Vertrautheit. Das doppelte Doppel kann jedoch auf Dauer anstrengend und allzu flatterhaft werden – spätestens dann, wenn die erotische Anziehungskraft verflogen ist.

Zwillinge & Krebs

Die spielerische Natur der Zwillinge kann den auf Sicherheit bedachten Krebs verunsichern. Das Leben zu nehmen, wie es kommt, ist der Wind in den Segeln der Zwillinge. Der sensible und sicherheitsliebende Krebs bevorzugt jedoch ruhigere Gewässer.

Zwillinge & Löwe

Die beiden lebhaften und selbstsicheren Zeichen verstehen sich gut. Beide sind extrovertiert und verspielt – auch im Bett. Zu Konflikten führt der Anspruch des Löwen, stets die absolute Nummer eins im Leben der Zwillinge zu sein.

Zwillinge & Jungfrau

Da beide Zeichen vom Merkur beherrscht werden, fühlen sie sich zunächst voneinander angezogen. Die Zwillinge empfinden jedoch die detailverliebte Art der Jungfrau als etwas pingelig und ermüdend, sodass die Harmonie der Beziehung von Anfang an gestört ist.

Zwillinge & Skorpion

Zwischen den beiden prickelt es immens. Doch außerhalb des Schlafzimmers kommt es zu Konflikten, wenn die Kontaktfreudigkeit der Zwillinge mit dem Bedürfnis des Skorpions nach Privatsphäre kollidiert. Ohne Toleranz auf beiden Seiten geht hier nichts.

Zwillinge & Waage

Auf geistiger Ebene harmonieren diese beiden toleranten Luftzeichen perfekt. Sie sind sich in den meisten Dingen des Lebens einig und teilen die Freude am Reisen und Feiern. Auch im Schlafzimmer geht es bei ihnen entspannt und harmonisch zu.

Zwillinge & Schütze

Dass die beiden Zeichen in Opposition stehen, erklärt die große körperliche und geistige Anziehungskraft zwischen ihnen. Beiden gemeinsam ist allerdings eine Rastlosigkeit, die einer festen Bindung im Wege stehen kann.

Zwillinge & Wassermann

Beide teilen eine entspannte und offene Lebenseinstellung, zudem zeigen beide eine gewisse Neigung zur Unberechenbarkeit. Kommen Zuneigung und Wertschätzung dazu, steht einer glücklichen Verbindung nichts im Wege.

Zwillinge & Fische

Die Leidenschaft steht hier im Mittelpunkt und wirkt anfänglich sehr verlockend. Problematisch kann es werden, wenn es den Zwillingen an Verständnis für den fantasievollen und sensiblen Fisch fehlt und sie dessen Sicherheitsbedürfnis nervt.

Zwillinge & Steinbock

Zwillinge schätzen den stabilisierenden Einfluss des soliden Steinbocks. Der ernste Steinbock dagegen schätzt es, durch die Zwillinge die Leichtigkeit des Lebens kennenzulernen. Diese Gegensätze heißt es, im Gleichgewicht zu halten.

Love-o-meter für die Zwillinge

Am wenigsten kompatibel:

Jungfrau Krebs Zwillinge Stier Fische Skorpion

Perfekter Treffer:

Löwe   Schütze   Widder   Steinbock   Wassermann   Waage

Die Welt der II.

Zwillinge

Dieser Abschnitt führt dich tiefer in die Welt deines Sonnenzeichens. Du erfährst, wie es dich antreiben oder zurückhalten kann, und du kannst anfangen, darüber nachzudenken, wie du dieses Wissen für dich nutzen möchtest.

So wohnen Zwillinge

Im Zeichen der Zwillinge Geborene brauchen kein Eigenheim, um sich sicher zu fühlen. Sie ziehen deutlich öfter um als andere Tierkreiszeichen und lieben es, ihre Umgebung und die Wohnungseinrichtung regelmäßig zu verändern. Am wohlsten fühlen sich Zwillinge in hellen, luftigen Räumen, die nicht zu sehr mit Möbeln und Gegenständen vollgestopft sind. Dabei sind Zwillinge keineswegs Minimalisten, doch sie brauchen Freiraum und Platz zum Atmen, weshalb sie gern in Hochhäusern wohnen. Die Farbgebung der Innenräume greift oft die typische Zwillinge-Palette mit viel Gelb und hellen Grüntönen auf. Doch auch Weiß und zarte Blautöne sind beliebt und erinnern an Luft und Leichtigkeit. Mit dem ersten Sonnenstrahl öffnen Zwillinge alle Fenster und die Türen stehen offen für alte und neue Freunde.

Eine zentrale Bedeutung in ihrem Zuhause nehmen Regale voller Bücher und anderer Publikationen ein. Die stets wissbegierigen Zwillinge tauchen oft in mehrere Bücher gleichzeitig ein. Auch Computer, Tablets und andere moderne Kommunikationsmittel sind allgegenwärtig. Die schnellstmögliche Internetverbindung ist da eine Selbstverständlichkeit.

TIPPS FÜR DIE ZWILLINGE-SELBSTFÜRSORGE

✹ Lerne zu meditieren! So gönnst du deinem rastlosen Geist Ruhepausen.

✹ Sage nicht bei jeder Einladung und jedem Angebot zu: Zeit ganz für dich allein ist kostbar.

✹ Regelmäßige Spazier-gänge helfen dir, einen Gang zurückzuschalten.

Selbstfürsorge

Selbstfürsorge gehört nicht gerade zu den Prioritäten der Zwillinge. Doch es lohnt sich, auf das eigene Wohlbefinden zu achten, um gesundheitlichen Problemen vorzubeugen. Der rastlose Lebensalltag der Zwillinge birgt zahlreiche gesundheitliche Risiken: von Sturzverletzungen bis hin zu Schnittwunden durch zu hastiges Gemüseschneiden in der Küche. Hände, Arme und Schultern sind besonders verletzungsgefährdete Körperteile.

Dauernde Eile kann außerdem zu Erschöpfungszuständen und zu einer Störung des Schlafrhythmus führen, obwohl Zwillinge selten unter Schlaflosigkeit leiden. Regelmäßige Erholungsphasen können verhindern, um drei Uhr in der Früh von ruhelosen Gedanken aus dem Schlaf gerissen zu werden. Zwillinge neigen dazu, all dies zu vernachlässigen, bis es sie irgendwann im wahrsten Sinne des Wortes umhaut. Die unermüdlichen Zwillinge sollten also alles tun, um einem Burnout und dem damit verbundenen Risiko von Depressionen vorzubeugen. Glücklicherweise sind sie in der Regel seelisch ausgeglichen und lernfähig. Dennoch müssen sie sich klarmachen, dass Selbstfürsorge keine einmalige Maßnahme sein darf, sondern ihren dauerhaften Platz im hektischen Alltag finden sollte, um nachhaltig wirksam zu sein.

DIE ZWILLINGE-
SPEISEKAMMER

- ✷ Eier für einfache, schnelle und proteinreiche Mahlzeiten.

- ✷ Luftgetrocknetes Fleisch als nahrhafter Snack.

- ✷ Eine Eieruhr als essenzielles Utensil für die leicht abgelenkten Zwillinge.

Kochen
und
Essen

Damit es schnell und unkompliziert geht, ist Zwillingen ein Snack zwischen Tür und Angel lieber, als groß zu kochen. Sollten sie sich doch einmal der Küche widmen, scheuen sie jedoch keine Mühe und das Ergebnis kann sich sehen lassen. Ihre ganze Fingerfertigkeit können Zwillinge beweisen, wenn sie etwa Eier für Eischnee trennen oder den Thunfisch für ein Sushi-Gericht hauchdünn schneiden und professionell anrichten. Natürlich kann es immer passieren, dass sie sich ablenken lassen und das Essen anbrennt.

TIPPS FÜR DEN UMGANG MIT GELD

* Alle Rechnungen und Belege sammeln: Das erleichtert dir die Steuererklärung.

* Denk beizeiten über deine Altersvorsorge nach und lass dich beraten.

* Schließe alle überflüssigen Konten, damit du die Übersicht über deine Finanzen behältst.

Zwillinge und das liebe Geld

Zwillinge werden nicht in erster Linie durch Geld motiviert. Persönliche Anerkennung ist ihnen wichtiger als ein Vermögenszuwachs, der sich durch fleißige und unermüdliche Arbeit bei ihnen ohnehin automatisch einstellt. Das mangelnde Interesse an finanziellen Dingen kann allerdings dazu führen, dass Zwillinge allzu sorglos mit ihrem Geld umgehen. Sie legen sich gern Dinge zu, die ihre Kommunikationsmöglichkeiten fördern – wie etwa das neueste Computermodell. Auch bei Reisen, die sie unternehmen, um ihren Geist anzuregen, sparen Zwillinge nicht. Da sie Geld keinen besonderen Stellenwert einräumen und es nicht ihr Ziel ist, Reichtümer anzuhäufen, zeigen sich Zwillinge auch oft großzügig gegenüber anderen.

Zwillinge und ihre Vorgesetzten

Für ihre Vorgesetzten ist der Umgang mit Zwillingen nicht ganz einfach. Sie sind nicht gerade die berechenbarsten Mitarbeiter*innen: Mit plötzlichen Terminänderungen, unerwarteten Kurswechseln bei wichtigen Fragen und völlig überraschenden Lösungsansätzen muss man bei diesem Tierkreiszeichen jederzeit rechnen. Diese Unberechenbarkeit kann eine Projektplanung komplett über den Haufen werfen und Kolleg*innen zermürben. Auch wenn die Ergebnisse am Ende da sind und stimmen, so würde etwas mehr Vorhersehbarkeit die Nerven der Vorgesetzten schonen.

Während die rationale und lösungsorientierte Denkweise von Zwillingen geschätzt wird, so gilt das weniger für deren eigensinnige, oft ungewöhnliche und egoistische Alleingänge. Allzu leicht vergessen sie, dass Vorgesetzte ein komplettes Team führen müssen und dass dessen Mitglieder unterschiedliche Vorstellungen haben sowie selbst Vorgaben erfüllen müssen, die berücksichtigt werden müssen. All dies wahrzunehmen und bei den eigenen Handlungen zu beachten, kann sich für die Zwillinge auszahlen.

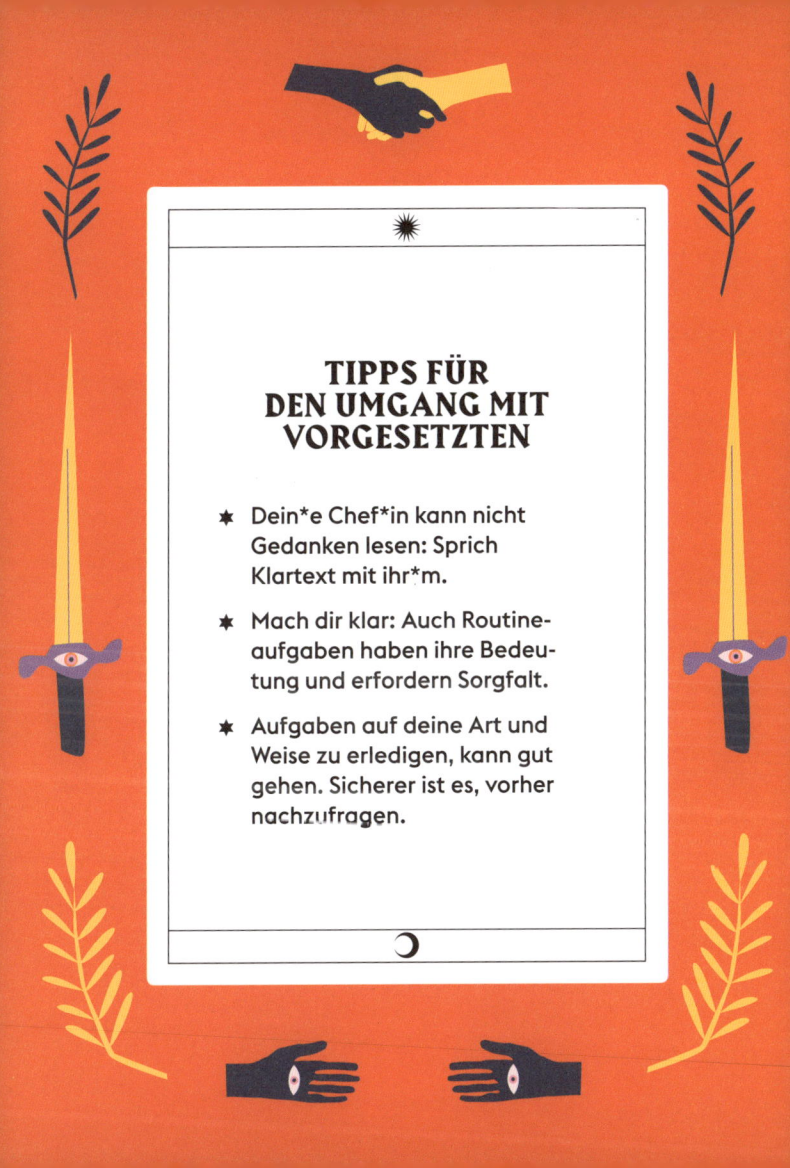

TIPPS FÜR DEN UMGANG MIT VORGESETZTEN

* Dein*e Chef*in kann nicht Gedanken lesen: Sprich Klartext mit ihr*m.

* Mach dir klar: Auch Routine-aufgaben haben ihre Bedeutung und erfordern Sorgfalt.

* Aufgaben auf deine Art und Weise zu erledigen, kann gut gehen. Sicherer ist es, vorher nachzufragen.

TIPPS FÜR EIN LEICHTERES LEBEN

✴ Ein allgemein zugänglicher und stets aktualisierter Kalender erleichtert die Planung.

✴ Deponiere deine Schlüssel immer am selben Ort und vergiss nicht, sie mitzunehmen, wenn du das Haus verlässt.

✴ Räume ohne vorherige Absprache keine Dinge von anderen weg.

Wie lebt es sich mit Zwillingen?

Solange sie in Ruhe gelassen werden, erweisen sich Zwillinge als unkompliziert. Konflikte kann es jedoch geben, sobald Partner*innen oder Mitbewohner*innen genau wissen wollen, was sie vorhaben oder wohin sie gehen. Zwillinge gäben gern Auskunft, wenn sie nur selbst genau wüssten, was sie als Nächstes vorhaben. Da sie die Dinge lieber auf sich zukommen lassen, haben sie wenig Verständnis dafür, wenn andere es vorziehen, im Voraus zu planen. So setzen sich Zwillinge leicht dem Vorwurf der Geheimniskrämerei aus. Die das Wesen der Zwillinge kennzeichnende Spontaneität und Unberechenbarkeit können für ihre Mitmenschen eine echte Herausforderung sein. Kluge Zwillinge sind sich dieses Problems bewusst und versuchen deshalb, anderen entgegenzukommen.

Die unabhängigen und selbstsicheren Zwillinge brauchen Kontakte und sind daher selten lange zu Hause anzutreffen. Daher ist ihnen die Gestaltung der Wohnung nicht besonders wichtig. Ihre Partner*innen oder Mitbewohner*innen müssen allerdings ohne Vorwarnung mit heftigen Putzanfällen rechnen. Die Wohnung ist danach manchmal kaum wiederzuerkennen und auch die persönlichen Dinge der Mitbewohner*innen werden dabei gnadenlos umsortiert.

Zwillinge
und
Trennungen

Zwillinge tendieren dazu, den dauerhaften Fortbestand einer einmal eingegangenen Beziehung für selbstverständlich zu halten. In ihrem in der Regel viel beschäftigten Alltag übersehen sie alle Warnzeichen und werden von einem Zerwürfnis oft komplett überrascht. Werden sie dann mit der neuen Lage konfrontiert, schalten sie meist sofort ihren Verstand ein, und zwar ohne jede Rücksicht auf Gefühle: seien es die eigenen oder die der anderen Beteiligten.

Auch Zwillinge fühlen sich verletzt, doch sie gehen die Situation bewusst verstandesmäßig an, um ihre Gefühle so besser in den Griff zu bekommen. In umgekehrter Konstellation gehen Zwillinge entschlossen, fast rücksichtslos vor. Daher kann das, was für sie ganz offensichtlich erscheint, den Partner völlig überraschen. In jedem Fall haben Zwillinge eine Neigung, die Dinge rasch zu beenden, um möglichst bald wieder nach vorn schauen zu können.

TIPPS FÜR EINE LEICHTERE TRENNUNG

★ Folge der angeborenen Klugheit der Zwillinge: erst denken, dann handeln.

★ Mach es für dich und deine*n Ex nicht unnötig schwer. Und gib dir genügend Zeit, das Geschehene zu verarbeiten.

★ Versuche aus dem Erlebten Lehren für die Zukunft zu ziehen.

So wollen
die
Zwillinge
geliebt
werden

Zwillinge möchten so geliebt werden, wie sie mit Körper, Geist und Seele erschaffen sind. Dabei ist es für ihre Partner*innen oft gar nicht so einfach zu erkennen, mit welcher Seite der sich stets wandelnden Zwillinge sie es gerade zu tun haben. Es verlangt ständige Aufmerksamkeit, sich darauf einzustellen, was auf die Dauer sehr anstrengend sein kann. Um Konflikten vorzubeugen, sollten Zwillinge deshalb ihre Partner*innen dabei unterstützen.

Ihrer eigenen Vorstellung nach haben Zwillinge alle Zeit der Welt für ein ausgiebiges Liebesleben. In Wirklichkeit sind sie jedoch meistens so beschäftigt, dass Sex ganz unten auf der To-do-Liste landet, irgendwo zwischen „Vogelkäfig reinigen" und „die Welt retten". Das mag nicht sehr einladend für potenzielle Partner*innen klingen, aber zumindest wissen sie, auf was sie sich einlassen, und sollten das Verhalten der Zwillinge keineswegs persönlich nehmen. Ihr Unvermögen zu sagen, was sie wollen oder nicht wollen, macht es zuweilen äußerst kompliziert und mühsam, Zwillinge zu lieben. Dafür werden Partner*innen, die ihnen behutsam dabei helfen, die innere Anspannung abzubauen, und ihnen ihren nötigen Freiraum lassen, mit offenen Armen empfangen. Das kann allerdings nur mit viel Feingefühl gelingen, und – was es noch komplizierter macht – nur denjenigen, die die Zwillinge bereits für sich gewonnen haben.

TIPPS FÜR DIE LIEBE ZU ZWILLINGEN

✳ Auch alltägliche Zärtlichkeiten wie Händchenhalten sind wichtig.

✳ Folge deiner Spontaneität: Hier und jetzt ist der beste Ort für leidenschaftlichen Sex.

✳ Kitzle den Geist der Zwillinge – und wecke so ihre körperliche Lust.

Zwillinge und Sexualität

Im Zeichen der Zwillinge Geborene zeichnen sich auf den ersten Blick nicht durch große erotische Leidenschaftlichkeit aus. Dennoch lieben sie es, Partner*innen ausgiebig zu umarmen und zu streicheln. Besonders Hand-, Arm- und Schultermassagen empfinden sie als ausgesprochen angenehm und erotisch anregend. Die abenteuerlustigen und spontanen Zwillinge kennen auch keine Scheu vor Nacktheit. Mit der Sexualität gehen sie spielerisch und offen um. Selbst einem One-Night-Stand sind sie nicht abgeneigt. Obwohl sie großen Gefallen an der körperlichen Liebe finden, entsteht die Erotik für Zwillinge vor allem über die geistige Verbundenheit. Daher kann Sprache im Liebesleben der Zwillinge eine wichtige Rolle spielen, etwa indem man ihnen als Vorspiel erotische Texte vorliest. Stimulierende Rollenspiele zählen ebenfalls zum Schlafzimmer-Repertoire von Zwillingen.

Trotz ihrer Spontaneität und Offenheit, sich nach Lust und Laune auch einmal auf dem Küchenfußboden oder in der freien Natur zu lieben, sind Zwillinge meist zu rastlos, um als sinnlich veranlagte Liebhaber*innen gelten zu können. Den Tagesplan einzuhalten, ist sicher wichtig. Doch gibt es Dinge, die gut Weile haben wollen, und Sex gehört für sie definitiv dazu.

Astro-wissen

Dein Sonnenzeichen zeigt dir nie das ganze Bild. In diesem Abschnitt erfährst du, wie du weitere Details deines Geburtshoroskops lesen kannst. Damit öffnest du astrologisch neue Fenster.

Dein Geburts- horoskop

Dein Geburtshoroskop ist ein Schnappschuss eines Moments an einem bestimmten Ort zum genauen Zeitpunkt deiner Geburt. Es gilt demnach nur für dich und ist völlig einzigartig. Es ist wie eine Blaupause, eine Landkarte oder eine Aussage über Begebenheiten, die mögliche Charakterzüge und Einflüsse abbilden – aber es ist nicht dein Schicksal. Dein Geburtshoroskop ist nur ein symbolisches Instrument, auf das du dich beziehen kannst, basierend auf den Planetenkonstellationen bei deiner Geburt. Wer keinen Astrologen aufsuchen mag, kann sich sein Geburtshoroskop in wenigen Minuten online erstellen lassen (siehe auch S. 108). Wenn du deine genaue Geburtszeit nicht kennst, reichen das Datum und der Geburtsort zum Erstellen einer ersten, groben Vorlage.

Denke daran, dass in der Astrologie nichts per se gut oder schlecht ist, wie es auch keine expliziten Zeitangaben oder Vorhersagen gibt: Es ist alles eher eine Frage der Einflüsse und wie sich diese positiv oder negativ auswirken könnten. Und wenn wir eine gewisse Einsicht haben und Instrumente, mit denen wir uns unseren Umständen und unserer Umgebung annähern, sie sehen oder interpretieren können, gibt uns das etwas an die Hand, mit dem wir arbeiten können.

Wenn du dein Geburtshoroskop liest, hilft es, zunächst die Mittel der Astrologie zu betrachten, die dir zur Verfügung stehen. Dazu gehören nicht nur die zwölf Zeichen und das, was sie symbolisieren, sondern auch die zehn Planeten, mit denen die Astrologie arbeitet, und deren Eigenschaften sowie die zwölf Häuser und ihre Bedeutung. Einzeln sind diese Instrumente nur von flüchtigem Interesse, aber wenn man anfängt zu sehen, wie sie eventuell nebeneinanderstehen, wird das größere Ganze zugänglicher und man beginnt, Einsichten zu gewinnen, die nützlich sein können.

Allgemein steht jeder Planet für eine andere Energie. Die astrologischen Zeichen schlagen die Art und Weise vor, in denen sich diese Energien ausdrücken können, und die Häuser stellen Erfahrungsfelder dar, in denen dieser Ausdruck wirksam werden kann.

Als Nächstes kommen die Positionen der Zeichen an vier Schlüsselstellen ins Bild: der Aszendent und sein Gegenüber, der Deszendent; die Himmelsmitte (lat.: *Medium coeli*, kurz MC) und ihr Gegenüber, das *Imum coeli* (IC); dazu die Aspekte, die durch Gruppierungen von Zeichen und Planeten entstehen.

Jetzt kannst du sehen, wie hintergründig das Lesen eines Horoskops sein kann, wie unendlich in seiner Vielfalt und überaus individuell. Mit diesem Wissen und einem praktischen Verständnis für die Symbolik und die Einflüsse der Zeichen, Planeten und Häuser deines Profils kannst du beginnen, diese Instrumente als Hilfe bei Entscheidungen und anderen Lebensaspekten heranzuziehen.

Das Horoskop lesen

In deinem von Hand oder per Onlineprogramm angefertigten Geburtshoroskop siehst du einen Kreis, unterteilt in zwölf Segmente. An verschiedenen Punkten sind Informationen gebündelt. Sie geben die Position jedes Tierkreiszeichens an, in welchem Segment es steht und auf wie viel Grad. Unabhängig von den personenspezifisch relevanten Merkmalen ist jedes Horoskop nach dem gleichen Muster aufgebaut, wenn es um die Auslegung geht.

Auf Grundlage von Geburtszeit, Geburtsort und den Planetenkonstellationen zu diesem Zeitpunkt wird das Geburtshoroskop erstellt, auch Radixhoroskop genannt.

Wenn man sich das Horoskop als Ziffernblatt vorstellt, beginnt das erste Haus (siehe S. 95–99) an der 9. Von diesem Punkt aus wird das Horoskop gegen den Uhrzeigersinn durch alle zwölf Kreissegmente hindurch bis zum zwölften Haus gelesen.

Der Anfangspunkt, die 9, ist auch der Punkt, in dem die Sonne bei deiner Geburt aufging. Dies zeigt dir deinen Aszendenten, dein aufsteigendes Zeichen. Gegenüber, an der 3 des Ziffernblatts, liegt dein absteigendes Zeichen, der Deszendent. Deine Himmelsmitte, das MC, liegt auf der 12, ihr Gegenüber, das IC, auf der 6 (siehe S. 101–102).

Wenn wir die Bedeutung der Eigenschaften der astrologischen Zeichen und Planeten, ihre jeweiligen Energien und Positionen sowie die Aspekte zwischen ihnen verstehen, kann dies helfen, uns selbst und die Beziehung zu anderen zu begreifen. Auch im täglichen Leben hilft astrologisches Grundwissen, die wechselnden Planetenkonfigurationen und ihre Auswirkungen besser einzuordnen, genau wie die wiederkehrenden Muster, durch die Chancen und Möglichkeiten mal verringert und mal vermehrt werden können. Mit diesen Einflüssen zu leben und nicht gegen sie, kann das Leben leichter und letztlich auch erfüllter machen.

Der Mond-effekt

Wenn dein Sonnenzeichen dein Bewusstsein, deine Lebenskraft und deinen individuellen Willen symbolisiert, dann steht der Mond für die Seite deiner Persönlichkeit, die du eher geheim oder versteckt hältst. Er ist das Reich des Instinkts, der Intuition, der Kreativität und des Unbewussten, das dich emotional an neue, manchmal nur schwer zu verstehende Orte führt. Dieser Effekt verleiht einer Person Feinheiten und Nuancen, weit über ihr Sonnenzeichen hinaus. So magst du deine Sonne in den Zwillingen haben, mit allem, was das bedeutet, doch gleicht ihn vielleicht ein empathischer und gefühlvoller Mond im Krebs aus. Oder du hast deine Sonne im offenherzigen Löwen, aber den Mond im Wassermann, mit all seiner rebellischen, emotionalen Distanziertheit.

Die Mondphasen

Der Mond kreist in rund 28 Tagen um die Erde. Wie viel wir von ihm sehen, hängt davon ab, wie viel Sonnenlicht er reflektiert. Dadurch scheint er zu- und abzunehmen. Bei Neumond beleuchtet die Sonne nur ein kleines Stück. Je mehr er zunimmt, desto mehr Licht reflektiert er. Er wird von der Sichel zum zunehmenden Sichelmond und zum ersten Viertel; dann zum zunehmenden Dreiviertelmond und zum Vollmond. Danach nimmt er ab, erst zum abnehmenden Dreiviertelmond, dann zum letzten Viertel. Der Zyklus beginnt erneut. All dies geschieht in einem Zeitraum von vier Wochen. In manchen Kalendermonaten gibt es sogar zwei Vollmonde – *Blue Moon* heißt der zweite im Englischen.

Der Mond bewegt sich jeden Monat auch durch ein neues Tierkreiszeichen, wie wir von unserem Geburtshoroskop wissen. Auch dies bringt uns Informationen: Ein Mond im Skorpion kann ganz anders wirken als ein Steinbock-Mond und je nach dem persönlichem Horoskop kann dies monatlich einen wechselnden Einfluss haben. Wenn in deinem Geburtshoroskop der Mond zum Beispiel in der Jungfrau steht, wird der tatsächliche Mond einen zusätzlichen Einfluss bringen, wenn er in die Jungfrau wandert. Weitere Informationen hierzu findest du auf den Seiten zu den Tierkreiszeichen (siehe S. 12–17).

Der Mondzyklus hat einen energetischen Effekt, den man gut an den Gezeiten erkennen kann. Da der Mond ein Fruchtbarkeitssymbol ist und für unsere tiefere, psychologische Seite steht, können wir dies aus astrologischer Sicht nutzen, um uns eingehender und kreativer auf die Lebensaspekte zu konzentrieren, die uns wichtig sind.

Eklipsen

Allgemein gesagt verschleiert eine Eklipse (Finsternis) Situationen und verhindert, dass Licht auf sie fällt. Astrologisch gesehen ist hierbei wichtig, wo Sonne oder Mond zum Zeitpunkt der Eklipse im Verhältnis zu anderen Planeten stehen. So wird eine Sonnenfinsternis in den Zwillingen einen Zwillinge-Einfluss mit sich bringen oder Zwillinge beeinflussen.

Wenn ein Lebensbereich versteckt oder ins Licht gerückt wird, ist dies eine Einladung, ihm Aufmerksamkeit zu schenken. Bei Eklipsen geht es im Allgemeinen um den Anfang oder das Ende einer Sache. Früher hielt man sie für Omen, wichtige Zeichen, die man beachten musste. Da man Eklipsen berechnen kann, werden sie astronomisch kartiert. Ihre astrologische Bedeutung kann somit im Voraus eingeschätzt werden und man kann deshalb auch im Voraus darauf reagieren.

Die zehn Planeten

In der Astrologie sprechen wir von zehn Planeten (allerdings nicht in der Astronomie, da die Sonne eigentlich ein Stern ist). Jedem Sternzeichen ist ein Herrscherplanet zugeordnet; Merkur, Venus und Mars regieren je zwei Zeichen. Die Eigenschaften der Planeten beschreiben diejenigen Einflüsse, die auf die Zeichen wirken können. Die Gesamtheit dieses Wissens fließt in die Auslegung eines Geburtshoroskops ein.

Mond

Dieses Zeichen formt ein Gegenprinzip
zur Sonne und bildet ein Paar mit ihr.
Er verkörpert das Weibliche und steht
für Geborgenheit und Empfänglichkeit
und dafür, wie wir instinktiv und
gefühlsmäßig reagieren.

Herrscher von Krebs

Sonne

Verkörpert das Männliche. Sie gilt
als lebensentfachende Energie,
was auf eine väterliche Energie
im Geburtshoroskop hindeutet.
Die Sonne symbolisiert unser
Selbst oder unseren Wesenskern
und unsere Bestimmung.

Herrscher von Löwe

Merkur

Der Planet der Kommunikation.
Symbolisiert den Drang, die
Gedanken durch Worte zu ver-
stehen und mitzuteilen.

Herrscher von Zwillinge und Jungfrau

Venus

Der Planet der Liebe. Hier geht es
um Anziehung, Verbundenheit und
Lust. Im Horoskop einer Frau symbolisiert er ihren weiblichen Stil,
im Horoskop eines Mannes
seine*n ideale*n Partner*in.

Herrscher von Stier und Waage

Mars

Dieser Planet symbolisiert Energie
pur (Mars ist der Gott des Krieges),
zeigt aber auch, in welchen Bereichen
wir am ehesten durchsetzungsfähig,
aggressiv oder risikobereit sind.

Herrscher von Widder und Skorpion

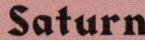

Saturn

Wird manchmal der weise Lehrer oder
Lehrmeister der Astrologie genannt.
Er symbolisiert gelernte Lektionen und
Grenzen und zeigt uns den Wert
von Entschlossenheit, Zähigkeit
und Widerstandsfähigkeit.

Herrscher von Steinbock

Jupiter

Der größte Planet unseres Sonnen-
systems. Symbolisiert Freigebigkeit
und Wohltätigkeit, alles, was expansiv
und heiter ist. Wie bei dem Zeichen,
über das er herrscht, geht es auch darum, sich auf Reisen und Erkundungen
von zu Hause wegzubewegen.

Herrscher von Schütze

Uranus

Symbolisiert das Unerwartete, neue
Ideen und Innovation; den Drang,
das Alte niederzureißen und das
Neue einzuführen. Der Nachteil kann
eine Unfähigkeit sein, sich einzu-
fügen, und somit das Gefühl,
ein Außenseiter zu sein.

Herrscher von Wassermann

Pluto

Dem Hades (lat.: *Pluto*), Gott der Unterwelt oder Toten, zugeordnet, übt dieser Planet eine mächtige Kraft aus, die unter der Oberfläche liegt und die in ihrer negativsten Ausprägung für Obsessionen und zwanghaftes Verhalten stehen kann.

Herrscher von Skorpion

Neptun

Mit dem Meer verbunden, steht er für die unterhalb liegenden Dinge, unter Wasser und zu tief, um klar erkannt zu werden. Sensibel, intuitiv und künstlerisch, symbolisiert er die Fähigkeit, bedingungslos zu lieben, zu verzeihen und zu vergessen.

Herrscher von Fische

Die vier Elemente

Die Unterteilung der zwölf Sternzeichen in die Elemente Erde, Feuer, Luft und Wasser liefert noch weitere Eigenschaften. Sie wurzelt in der altgriechischen Medizin, die lehrte, dass der Körper aus vier Körperflüssigkeiten oder „-säften" bestand: Blut, gelbe und schwarze Gallenflüssigkeit sowie Schleim. Sie entsprachen den vier Temperamenten sanguinisch, melancholisch, cholerisch und phlegmatisch, den vier Jahreszeiten Frühling, Sommer, Herbst und Winter und den vier Elementen Luft, Feuer, Erde und Wasser.

In der Astrologie beschreiben diese symbolischen Eigenschaften weitere Aspekte der unterschiedlichen Zeichen. C. G. Jung verwendete sie in seiner Psychologie und noch heute bezeichnen wir Menschen in ihrer Lebenseinstellung zum Beispiel als feurig oder luftig oder sagen, sie seien „in ihrem Element". In der Astrologie heißt es, dass Sonnenzeichen des gleichen Elements eine Affinität oder ein Verständnis füreinander haben.

Wie immer in der Astrologie gibt es hierbei Positives und Negatives. Das Wissen um eine „Schattenseite" kann in Bezug auf die Selbsterkenntnis hilfreich sein und auf das, was man vielleicht verbessern oder ausgleichen sollte, besonders im Umgang mit anderen.

Luft

ZWILLINGE ✦ WAAGE ✦ WASSERMANN

Diese Zeichen glänzen im Reich der Ideen. Scharfsinnig und visionär, dabei in der Lage, das große Ganze zu sehen, haben Luftzeichen eine reflektierende Qualität, die Situationen entspannen kann. Zu viel Luft kann Absichten zerstreuen, was Zwillinge unentschlossen machen, die Waage zum Zaudern bringen und den Wassermann teilnahmslos erscheinen lassen kann.

Feuer

WIDDER ✦ LÖWE ✦ SCHÜTZE

Diese Zeichen umgibt Wärme und Energie, eine positive Herangehensweise, Spontaneität und Enthusiasmus, die andere sehr inspirieren und motivieren kann. Nachteilig kann sein, dass der Widder sich gern kopfüber in Sachen stürzt, der Löwe viel Aufmerksamkeit braucht und der Schütze viel redet, aber nichts liefert.

Erde

STIER ✻ JUNGFRAU ✻
STEINBOCK

Typischerweise genießen
Erdzeichen sinnliche Freuden,
Essen und andere körperliche
Befriedigungen. Sie fühlen
sich gern geerdet und lassen
Taten für ihre Ideen sprechen.
Der Nachteil ist, dass Stier-
Geborene dickköpfig sein
können, Jungfrauen pingelig
und Steinböcke verbissen
konservativ.

Wasser

KREBS ✻ SKORPION ✻
FISCHE

Wasserzeichen sind sehr
reaktionsfreudig, wie die
Gezeiten mit Ebbe und Flut,
dazu aufmerksam und intuitiv – manchmal sogar über die
Maßen, wegen ihrer besonderen Fähigkeit zu fühlen. Der
Nachteil ist eine Tendenz, sich
überfordert zu fühlen. Dies
kann den Krebs so hartnäckig
wie selbstschützend werden
lassen, Fische wechselhaft in
ihrer Aufmerksamkeit und
den Skorpion unberechenbar
und intensiv.

Kardinale, fixe und veränderliche Zeichen

Zusätzlich zur Unterteilung in die vier Elemente sind die Sternzeichen auch noch auf drei andere Arten gruppiert, die verdeutlichen, wie ihre Energien agieren oder reagieren können. Dies verleiht ihren besonderen Eigenschaften weitere Tiefe.

Kardinal

WIDDER ✳ KREBS ✳ WAAGE ✳ STEINBOCK

Kardinalzeichen sind aktive Zeichen mit der Energie, die Initiative zu ergreifen und Dinge in Gang zu setzen. Der Widder hat die Vision, der Krebs die Gefühle, die Waage die Kontakte und der Steinbock die Strategie.

Fix

Langsamer, aber entschlossener arbeiten diese Zeichen, um voranzukommen; sie halten das am Laufen, was die kardinalen Zeichen initiiert haben. Der Stier bietet körperlichen Komfort, der Löwe Loyalität, der Skorpion emotionale Unterstützung und der Wassermann guten Rat. Auf fixe Zeichen ist Verlass, doch haben sie die Tendenz, sich gegen Veränderungen zu wehren.

Veränderlich

ZWILLINGE ✳ JUNGFRAU ✳ SCHÜTZE ✳ FISCHE

Anpassungsfähig und neuen Ideen, Orten und Menschen gegenüber aufgeschlossen, können sich veränderliche Zeichen leicht auf ihre Umgebung einstellen. Zwillinge sind geistig beweglich, die Jungfrau praktisch und vielseitig. Der Schütze visualisiert Möglichkeiten und die Fische sind empfänglich für Wandel.

Die zwölf Häuser

Das Geburtshoroskop ist in zwöf Häuser unterteilt, die für unterschiedliche Lebensbereiche und -funktionen stehen. Wenn man dir sagt, dass du ein Zeichen in einem bestimmten Haus hast – zum Beispiel die Waage (Gleichgewicht) im fünften Haus (Kreativität und Sexualität) –, kannst du diese Einflüsse interpretieren im Hinblick auf ganz spezifische Hinweise dafür, wie du einen Aspekt deines Lebens angehen könntest.

Jedes Haus ist mit einem Sonnenzeichen, seinem „natürlichen Herrscher", verknüpft und wird so durch Eigenschaften dieses Zeichens repräsentiert.

Drei der Häuser gelten als mystisch und beziehen sich auf unsere innere, übersinnliche Welt: das vierte (Zuhause), das achte (Tod und Wiedergeburt) und das zwölfte (Geheimnisse).

1. Haus

DAS SELBST

BEHERRSCHT VON WIDDER

Haus deiner Persönlichkeit: dein Selbst, wer du bist und wie du dich darstellst, deine Vorlieben, Abneigungen und Lebenseinstellungen. Es beschreibt auch, wie du dich selbst siehst und was dein Ziel im Leben ist.

2. Haus

BESITZ

BEHERRSCHT VON STIER

Haus deiner Besitztümer. Es zeigt, was dir gehört, einschließlich Geld, wie du dein Einkommen verdienst; deine materielle Sicherheit und die reellen Dinge, die dich auf deinem Lebensweg begleiten.

3. Haus

KOMMUNIKATION

BEHERRSCHT VON ZWILLINGE

In diesem Haus geht es um Kommunikation und Geisteshaltung, vor allem darum, wie du dich ausdrückst. Es beschreibt auch deine Beziehung zu deiner Familie, deinen Weg in der Schule oder im Beruf und wie du denkst, sprichst, schreibst und lernst.

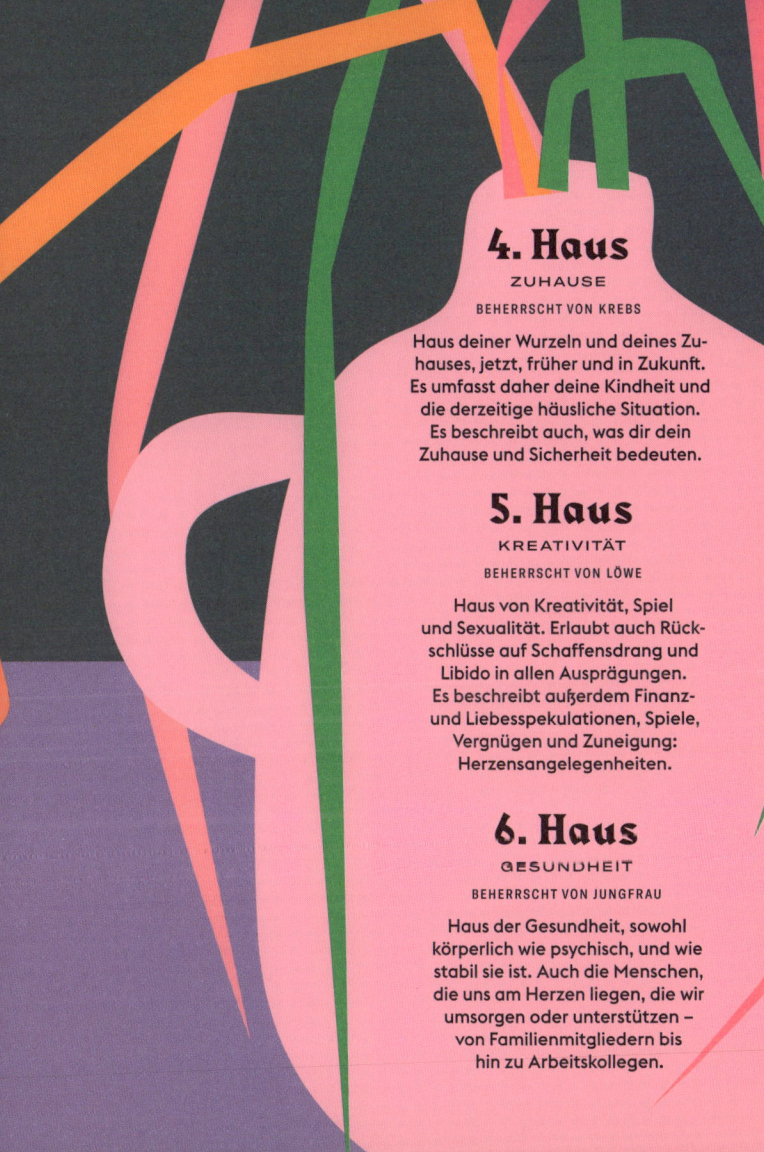

4. Haus

ZUHAUSE

BEHERRSCHT VON KREBS

Haus deiner Wurzeln und deines Zu-
hauses, jetzt, früher und in Zukunft.
Es umfasst daher deine Kindheit und
die derzeitige häusliche Situation.
Es beschreibt auch, was dir dein
Zuhause und Sicherheit bedeuten.

5. Haus

KREATIVITÄT

BEHERRSCHT VON LÖWE

Haus von Kreativität, Spiel
und Sexualität. Erlaubt auch Rück-
schlüsse auf Schaffensdrang und
Libido in allen Ausprägungen.
Es beschreibt außerdem Finanz-
und Liebesspekulationen, Spiele,
Vergnügen und Zuneigung:
Herzensangelegenheiten.

6. Haus

GESUNDHEIT

BEHERRSCHT VON JUNGFRAU

Haus der Gesundheit, sowohl
körperlich wie psychisch, und wie
stabil sie ist. Auch die Menschen,
die uns am Herzen liegen, die wir
umsorgen oder unterstützen –
von Familienmitgliedern bis
hin zu Arbeitskollegen.

7. Haus

PARTNERSCHAFT

BEHERRSCHT VON WAAGE

Der Gegenpol des ersten Hauses. Es spiegelt gemeinsame Ziele und enge Partnerschaften, unsere Wahl des*der Lebenspartner*in und wie erfolgreich unsere Beziehungen sein können. Es beschreibt auch Partnerschaften und Feindschaften im Berufsleben.

8. Haus

WIEDERGEBURT

BEHERRSCHT VON SKORPION

Das Haus steht für den Tod als Wiedergeburt oder spirituelle Transformation. Beschreibt auch Vermächtnisse und das, was du an Persönlichkeitsmerkmalen oder materiell erben wirst. Und da Wiedergeburt Sex braucht, geht es in diesem Haus auch um Sex und sexuelle Gefühle.

9. Haus

REISEN

BEHERRSCHT VON SCHÜTZE

Haus der Fernreisen und Entdeckungsfahrten; es geht auch um die Erweiterung des Horizonts, den das Reisen bringen kann, und wie sich dies ausdrückt. Beschreibt das Verbreiten von Ideen, zum Beispiel in literarischen Werken oder Veröffentlichungen.

11. Haus

FREUNDSCHAFTEN

BEHERRSCHT VON WASSERMANN

Haus der Freundesgruppen und
Bekannten, Visionen und Ideen.
Es geht weniger um unmittelbare
Befriedigung, sondern um lang-
fristige Träume und wie diese durch
unsere Fähigkeit, harmonisch mit
anderen zusammenzuarbeiten,
erreicht werden können.

12. Haus

GEHEIMNISSE

BEHERRSCHT VON FISCHE

Gilt als spirituellstes Haus. Das Haus
des Unbewussten, der Geheimnisse
und dessen, was verborgen ist;
die „Leiche im Keller". Spiegelt
auch die geheimen Wege, auf
denen wir uns selbst sabotieren oder
unsere Kräfte kleinhalten, indem
wir sie nicht ausschöpfen.

10. Haus

BERUFUNG

BEHERRSCHT VON STEINBOCK

Repräsentiert das, wonach wir
streben, und unseren Satus; wie wir
öffentlich angesehen sein wollen
(oder nicht), unsere Ambitionen,
unser Image und was wir im Leben
aus eigener Kraft erreichen wollen.

Der Aszendent

Der Aszendent, auch als aufsteigendes Zeichen bekannt, ist das Tierkreiszeichen, das am Tag deiner Geburt am östlichen Horizont erschien, je nachdem, an welchem Ort und zu welcher Zeit dies passierte. Er liefert Informationen über die Aspekte deines Charakters, die sich mehr nach außen hin offenbaren, wie du dich präsentierst und von anderen gesehen wirst.

Die Geburtszeit zu kennen, ist somit ein nützlicher Faktor in der Astrologie. Selbst wenn dein Sonnenzeichen Zwillinge ist, kannst du also mit aufsteigendem Krebs mütterlich wirken und dich auf die eine oder andere Weise spürbar für das häusliche Leben engagieren.

Dein Aszendent – oder der anderer Personen – hilft oft auch zu erklären, warum die eigene Persönlichkeit so wenig mit dem Sonnenzeichen zusammenzupassen scheint.

Wenn du deine Geburtszeit und deinen Geburtsort weißt, kannst du deinen Aszendenten problemlos online oder in einer App ausrechnen lassen (siehe S. 108). Frage einfach deine Mutter oder andere Familienmitglieder danach. Manchmal steht die Geburtszeit auch in der Geburtsurkunde. Wenn du dir das Horoskop als Ziffernblatt vorstellst, ist der Aszendent auf der Neun-Uhr-Position zu sehen.

Der Deszendent

Der Deszendent weist auf einen möglichen Lebenspartner hin, basierend auf der Vorstellung, dass Gegensätze sich anziehen. Wenn du deinen Aszendenten kennst, ist der Deszendent leicht zu berechnen, da er genau sechs Zeichen entfernt ist: Bei einem Jungfrau-Aszendenten wäre der Deszendent also Fische. Wenn du dir das Horoskop als Ziffernblatt vorstellst, ist der Deszendent auf der Drei-Uhr-Position zu sehen.

Die Himmelsmitte (MC)

Auf deinem Geburtshoroskop ist auch die Himmelsmitte eingezeichnet (MC, von lat.: *Medium coeli*). Sie weist auf deine Einstellung zu Arbeit, Beruf und beruflichem Ansehen hin. Wenn du dir das Horoskop als Ziffernblatt vorstellst, ist das MC auf der Zwölf-Uhr-Position eingezeichnet.

Die Himmelstiefe (IC)

Dann gibt es noch das IC in deinem Horoskop (von lat.: *Imum coeli*, „Himmelstiefe"). Es weist auf deine Haltung gegenüber deinem Zuhause und deiner Familie hin und hat auch einen Bezug zum Ende deines Lebens. Das IC ist sechs Zeichen vom MC entfernt. Wenn dein MC Wassermann ist, ist dein IC Löwe. Wenn du dir das Horoskop als Ziffernblatt vorstellst, ist das IC auf der Sechs-Uhr-Position eingezeichnet.

Rückläufiger Saturn

Saturn ist einer der langsamsten Planeten: Er braucht 28 Jahre, um einmal um die Sonne zu kreisen und an den Punkt zurückzukehren, an dem er zum Zeitpunkt deiner Geburt stand. Diese Rückkehr kann sich über zwei bis drei Jahre erstrecken und macht sich oft in den Zeiten um deinen 30. und 60. Geburtstag stark bemerkbar, die oft als bedeutende „Meilensteine" gelten.

Da die Saturnenergie bisweilen als anstrengend empfunden wird, sind das nicht immer leichte Lebensabschnitte. Saturn gilt als weiser Lehrer oder harter Lehrmeister: Der Saturneffekt wird oft als „zum Glück zwingen" empfunden – so wie viele gute Lehrer argumentieren. Er hält uns wie ein strenger Personal Coach auf der Spur.

Die Saturnrückkehren erlebt jeder Mensch individuell. Sie sind immer eine gute Zeit, Bilanz zu ziehen, Dinge im Leben loszulassen, die einem nicht mehr nutzen, die Erwartungen zu revidieren und ohne Ausreden das im Leben aufzunehmen, von dem man gern mehr hätte. Wenn du also dieses Lebensereignis gerade erlebst oder erwartest, solltest du es begrüßen und damit arbeiten. Denn was du jetzt lernst – vor allem über dich selbst –, ist wissenswert, so turbulent es auch sein mag. Es kann sich für die nächsten 28 Jahre lohnen!

Rückläufiger Merkur

Selbst Menschen mit wenig Interesse an Astrologie bemerken es oft, wenn der Planet Merkur rückläufig ist. Als „Rückläufigkeit" bezeichnet man Zeiten, in denen Planeten wie der Merkur stationär sind, aber sich in die Gegenrichtung zu bewegen scheinen, weil die Erde sich weiterdreht. Vorher und nachher kommt es zu einer „Schattenperiode", die auch etwas turbulent sein kann. Der Planet scheint dabei erst langsamer und dann wieder schneller zu werden. Generell ist es ratsam, während der Rückläufigkeit keine wichtigen Schritte in Bezug auf Kommunikation zu unternehmen. Und wenn doch, sollte man im Kopf haben, dass sie sich später wieder ändern können.

Da Merkur der Planet der Kommunikation ist, zeigt sich schnell, warum seine Rückläufigkeit und ihre Verbindung mit Kommunikationsfehlern problematisch ist: zum Beispiel auf altmodische Weise, wenn ein Brief in der Post verloren geht, oder moderner, wenn der Computer abstürzt.

Ein rückläufiger Merkur kann auch das Reisen beeinträchtigen und es gibt Flug- oder Zugverspätungen, Staus oder Unfälle.

Dazu beeinflusst er die persönliche Kommunikation: Hören, Sprechen, (Nicht-)Gehört-Werden. Dies kann Durcheinander oder Streit verursachen. Er kann sich auch auf formellere Vereinbarungen wie Kaufverträge auswirken.

Merkur ist drei- bis viermal pro Jahr über etwa drei Wochen rückläufig, mit Schattenperioden vorher und nachher. Die Zeitrahmen seiner Rückläufigkeiten bedeuten auch, dass sie in einem bestimmen Sternzeichen passieren. Wenn er zum Beispiel zwischen 25. Oktober und 15. November rückläufig wäre, würde sein Effekt Skorpion-Eigenschaften haben. Auch Menschen mit Skorpion-Sonne oder einem starken Skorpion-Aspekt in ihrem Geburtshoroskop könnten stärker betroffen sein.

Die Termine, zu denen der Merkur rückläufig ist, findet man online, in astrologischen Tabellen oder Ephemeriden. Hier kann man sehen, ob man diese Zeiten für die Planung von Ereignissen meiden sollte, da sie potenziell betroffen sein könnten. Um festzustellen, wie der rückläufige Merkur dich persönlich angehen könnte, musst du dein Geburtshoroskop kennen und dessen spezifischere Kombinationen aus Zeichen- und Planeteneinflüssen.

Wenn du leichter durch einen rückläufigen Merkur kommen willst, sollte dir bewusst sein, dass Pannen passieren können. Rechne also mit Verzögerungen und überprüfe Details lieber doppelt. Bleibe angesichts von Verzögerungen positiv gestimmt und nimm solche Zeiten als Chance für Entschleunigung. Blicke zurück oder überdenke Ideen in Beruf oder Privatleben. Nutze die Zeit, um Fehler zu korrigieren oder Pläne umzugestalten, damit du vorbereitet bist, wenn sich die festgefahrene Energie erneut bewegt und du wieder fließender vorankommst.

Lesetipps

*Die zwölf Archetypen:
Tierkreiszeichen und
Persönlichkeitsstruktur*
(2011) von Brigitte
Hamann; erschienen
bei KnaurMensSana

Astrologie für Dummies
(2020) von Rae Orion;
erschienen bei Wiley-VCH
Verlag GmbH & Co. KGaA

Astrologie für den Alltag
(2021) von Carole Taylor;
erschienen bei DK Verlag
Dorling Kindersley

Das Astrologiebuch (2004)
von Michael Roscher;
erschienen im bei Chiron

Webseiten

astro.com

astrologyzone.com

jessicaadams.com

shelleyvonstrunkel.com

Apps

Astrostyle

Co-Star

Susan Miller's Astrology Zone

The Daily Horoscope

The Pattern

Time Passages

Danksagung

Mein besonderer Dank geht an mein treues
Stier-Team. Zuerst an Kate Pollard, Publishing
Director bei Hardie Grant: für ihre Leidenschaft für
schöne Bücher und für die Beauftragung dieser
Reihe. An Bex Fitzsimons für ihr gutlauniges,
gründliches Redigieren. Und schließlich an
Evi O. Studio, deren Illustrationen und Design
kleine Kunstwerke entstehen ließen. Mit einer sol-
chen „Sternenbesetzung" können diese Bücher
nur glänzen – dafür sage ich Danke!

Über die Autorin

Stella Andromeda arbeitet seit über
30 Jahren als Astrologin. Sie ist davon
überzeugt, dass die Kenntnis der Himmelskonstellationen und deren Potenzials
psychologischen Interpretationen ein
wertvolles Instrument bieten kann. Die Ver-
mittlung ihres Wissens in dieser Buchform
macht moderne Erkenntnisse über uralte
astrologische Weisheiten leicht zugänglich
und begeistert für Stella Andromedas
Haltung, dass Reflexion und Selbsterkenntnis uns im Leben nur stärker machen. Mit
ihrem Sonnenzeichen Stier, dem Aszendenten im Wassermann und einem Mond im
Krebs lässt sie sich auf ihrer astrologischen
Reise von Erde, Luft und Wasser inspirieren.

Text © Stella Andromeda
Illustrationen © Evi O. Studio

Für die deutsche Ausgabe:
Satz und Redaktion: bookwise GmbH
Übersetzung: Martina Walter und Wolfgang Bick
Gesamtherstellung: Leo Paper Products Ltd.

Aus Verantwortung für die Umwelt hat sich die Verlagsgruppe Droemer Knaur zu einer nachhaltigen Buchproduktion verpflichtet. Der bewusste Umgang mit unseren Ressourcen, der Schutz unseres Klimas und der Natur gehören zu unseren obersten Unternehmenszielen. Gemeinsam mit unseren Partnern und Lieferanten setzen wir uns für eine klimaneutrale Buchproduktion ein, die den Erwerb von Klimazertifikaten zur Kompensation des CO2-Ausstoßes einschließt. Weitere Informationen finden Sie unter: www.klimaneutralerverlag.de

MIX
Paper from
responsible sources
FSC® C020056

1 2 3 4 5